BEI GRIN MACHT SICH IHR WISSEN BEZAHLT

AF151940

- Wir veröffentlichen Ihre Hausarbeit,
  Bachelor- und Masterarbeit

- Ihr eigenes eBook und Buch -
  weltweit in allen wichtigen Shops

- Verdienen Sie an jedem Verkauf

Jetzt bei www.GRIN.com hochladen
und kostenlos publizieren

Eva Fründt

Biographie: Theodor Fontane 1819-1859

GRIN Verlag

Bibliografische Information der Deutschen Nationalbibliothek:

Die Deutsche Bibliothek verzeichnet diese Publikation in der Deutschen National-
bibliografie; detaillierte bibliografische Daten sind im Internet über http://dnb.d-
nb.de/ abrufbar.

Impressum:

Copyright © 2004 GRIN Verlag GmbH
Druck und Bindung: Books on Demand GmbH, Norderstedt Germany
ISBN: 978-3-638-92210-4

Dieses Buch bei GRIN:

http://www.grin.com/de/e-book/57479/biographie-theodor-fontane-1819-1859

GRIN - Your knowledge has value

Der GRIN Verlag publiziert seit 1998 wissenschaftliche Arbeiten von Studenten, Hochschullehrern und anderen Akademikern als eBook und gedrucktes Buch. Die Verlagswebsite www.grin.com ist die ideale Plattform zur Veröffentlichung von Hausarbeiten, Abschlussarbeiten, wissenschaftlichen Aufsätzen, Dissertationen und Fachbüchern.

Besuchen Sie uns im Internet:

http://www.grin.com/

http://www.facebook.com/grincom

http://www.twitter.com/grin_com

Universität Osnabrück

Seminar: Theodor Fontane

Eva Fründt
LA GHR Schwerpunkt Grundschule
4. Semester

SS 2004

Referatsausarbeitung
zum Thema

Biographie
-Theodor Fontane-

1819-1859

Inhaltsverzeichnis

1. Vorwort

Theodor Fontane ist einer der bedeutendsten Schriftsteller des poetischen Realismus. Au-
ßergewöhnlich ist sein gemächlicher, langatmiger Erzählstil, den mancher Leser genießt,
der andere verschmäht.
Ich möchte Theodor Fontanes Biographie wie eine Reise durch sein Leben angehen. Die Kar-
te im Anhang verhilft dem Leser, Fontanes Lebenswegen geographisch zu folgen. Beginnen
werde ich in Fontanes Geburtsort Neuruppin im Jahre 1819. Enden wird mein Teil des Refe-
rates im Jahre 1859, in dem Theodor Fontane aus England nach Berlin zurückkehrt, wo er die
längste Zeit seines Lebens verbringt.
Um Theodor Fontane selbst sprechen zu lassen, füge ich einige Zitate aus seinen Autobio-
graphien „Meine Kinderjahre" und „Von Zwanzig bis dreißig" in seine Lebensdaten ein.

2. Theodor Fontanes Leben

1819-1827 Neuruppin

1819

Am 30. Dezember dieses Jahres wird Theodor Fontane in Neuruppin, ein Ort in Neubran-
denburg, laut seines Taufregisters „zwischen 4 und 5 Uhr abends" geboren.[1] Dies geschieht
in der Löwenapotheke seines Vaters.[2] Als das erste Kind seiner Eltern Louis Henry Fontane
und Emilie (geborene Labry) soll er später den Apothekerberuf seines Vaters erlernen und
dessen Apotheke übernehmen.
Im Laufe der Jahre wird Theodor Fontane noch vier Geschwister bekommen: Carl Johann
Rudolph (1821-1845), Jenny Eveline (1823- 1904), Gustav Friedrich Maximilian (1826-
1860) und Elise (1838-1923), denen er jedoch in seinen biographischen Werken („Meine
Kinderjahre", „Von zwanzig bis dreißig") kaum Beachtung schenkt.[3]

Theodor Fontanes Familie ist hugenottischer Abstammung: Nach der Aufhebung des Edik-
tes von Nantes im Jahre 1685 war sie gezwungen, Frankreich zu verlassen. Daher stammt
auch der an die französische Sprache erinnernde Name „Fontane".[4]

Theodor Fontanes Vater ist Spieler: *„Er begann mit Pferd und Wagen, ging aber bis bald
zur Spielpassion über und verspielte während der sieben Jahre von 1819 bis 26 ein kleines
Vermögen".*[5] Aus diesem Grunde muss er letztendlich seine Löwenapotheke abgeben und
zieht mit seiner Familie im Jahre 1827 nach Swinemünde.

---

[1] Grawe, 1998, S.15.
[2] Ebd., S.17.
[3] Grawe, 1998, S.15f.
[4] Fontane, S. 253.
[5] Grawe, 1998, S. 16.

1827- 1832 Swinemünde

1827

Swinemünde befindet sich auf der Insel Usedom. Dort bezieht Familie Fontane die neu erworbene „Adlerapotheke".[6]

Im Alter beschreibt Theodor Fontane sein Leben in Swinemünde folgendermaßen:

„Wie spießbürgerlich war mein heimatliches Ruppin, wie poetisch das aus bankrutten Kaufleuten bestehende Swinemünde, wo ich von meinem 7. bis zu meinem 12. Jahre lebte und nichts lernte. [...] das Leben aus Strom und See, der Sturm und die Überschwemmungen, englische Matrosen und russische Dampfschiffe, die den Kaiser Nikolaus brachten, - das war besser als die unregelmäßigen Verba, das einzig Unregelmäßige, was es in Ruppin gab. Ja, Swinemünde war herrlich (an Georg Friedlaender, 22. Oktober 1890)."[7]

Dieses Zitat gibt dem Leser einen Eigenblick in Theodor Fontanes Kinderjahre. Aus Fontanes Formulierung ist zu entnehmen, dass er seine Kindheit in Swinemünde sehr genossen hat. Er liebte die Abwechslung dieses Landstrichs. Es ist zu vermuten, dass er diesen Charakterzug auf die Titelfigur in seinem Roman „Effi Briest" übertragen hat. Auch Effi liebt die Abwechslung, hasst Langeweile: *„...und während sie die Arme auf den Tisch stemmte, sagte sie: ‚Diese langweilige Stickerei. Gott sei Dank, dass ihr da seid'".* [8] Effis Unlust zur Stickerei lässt sich mit Theodor Fontanes Unlust zum Lernen unregelmäßiger Verben vergleichen.

In der Zeit in Swinemünde, also ab 1827, bekommt Theodor Fontane Privatunterricht von seinen Eltern, wobei die „anekdotische Lehrmethode seines Vaters" [9] einen tiefen Eindruck in ihm hinterlassen hat; so entwickelt sich auch bei Theodor Fontane ein großes Interesse an Walter Scotts Romanen, da sein Vater eine Vorliebe für diesen Autor hegt. Zudem interessiert sich Theodor Fontane für die Geschichte.[10]

Hierzu folgendes Zitat aus Fontanes „Meine Kinderjahre":

„[...] wenn ich gefragt würde, welchem Lehrer ich mich so recht eigentlich zu Dank verpflichtet fühle, so würde ich antworten müssen: meinem Vater, meinem Vater, der sozusagen gar nichts wußte, mich aber mit dem aus Zeitungen und Journalen aufgepickten und über alle möglichen Themata sich verbreitenden Anekdotenreichtum unendlich viel mehr unterstützt hat als alle meine Gymnasial- und Realschullehrer zusammengenommen."
Fontane über seinen Vater, aus 'Meine Kinderjahre'.[11]

---

[6] Ebd. S.18.
[7] Ebd.
[8] Fontane, S.7, Z.29.
[9] Grawe, 1998, S.18.
[10] Ebd. S.19.
[11] http://www.xlibris.de/Autoren/Fontane/Fontane-Biographie/Fontane-Lebenslauf/Fontane-Lebenslauf-03.htm, 3.5.2004

1832-1833 Neuruppin

1832

Ostern 1832 beginnt für Fontane ein neuer Lebensabschnitt: Er wird zunächst auf das Gymnasium in Neuruppin mit dem „strengen Rektor Thormeyer" geschickt. Dort hat er eine Wohnung beim Superintendanten.[12]

Der Rektor Thormeyer war „ein mindestens sechs Fuß hoher alter Herr [...], gedunsen und rot bis zu der Stirn hinauf, die Augen blau unterlaufen [...]" (meine Kinderjahre, vgl. die gleichnamige Gestalt in der Stechlin). [13]

1833- 1841 Berlin

1833

Schon ein Jahr später, 1933, zieht er nach Berlin, um ab dem ersten Oktober die Gewerbeschule von C.F. (Carl Friedrich) von Klöden zu besuchen.[14]

Dort bezieht er eine Wohnung in der Schüler- Pension, Wallstraße 73. Von nun an wird er den größten Teil seines Lebens in Berlin verbringen, etwa 65 Jahre. In dieser Zeit wird er in dieser Stadt an ungefähr 17 verschiedene Adressen wohnen.[15]

1834

Im folgenden Jahr zieht Fontane in die Burgstraße 18 „zu dem leichtsinnigen, lebenslustigen Onkel August Fontane", welcher ein Halbbruder seines Vaters Louis Henry Fontane ist, und zu seiner Tante Philippine, die er liebevoll „Tante Pinchen" nennt.[16]

In diesem Jahr macht Theodor Fontane seine erste Bekanntschaft mit seiner zukünftigen Frau Georgine Emilie Caroline Rouaget. Sie ist ein außereheliches Kind, welches von dem Rat Karl Wilhelm Kummer adoptiert wird und bei diesen aufwächst.[17]

1836

Nun beginnt Theodor Fontane mit einer Lehre in der Apotheke „Zum weißen Schwan". Wilhelm Rose, sein Lehrherr, stellt ihm vier Jahre später ein Abschlusszeugnis aus, welches ihn berechtigt, als Apothekergehilfe zu agieren.[18]

Theodor Fontane empfindet in diesem und in den folgenden Jahren den „unüberbrückbaren Gegensatz zwischen der banalen Apothekerarbeit und der poetischen Berufung" als schmerzlich.[19] Aus diesem Grunde versucht er beides zu vereinen, indem er beim langwierigen Anrühren der Rezepturen Gedichte und kurze Prosastücke verfasst.

---

[12] Grawe, 1998, S.20.
[13] Ebd.
[14] MZP, 2001, S.23.
[15] Grawe, 1998, S.21.
[16] Grawe, 1998, S.21
[17] Ebd.S.22.
[18] MZP, 2001, S. 23.
[19] Grawe, 1998, S.23

1839

Im Dezember dieses Jahres wird Fontanes Novelle „Geschwisterliebe" im „Berliner Figaro" abgedruckt. In dieser Zeitung veröffentlichten viele junge Dichter ihre ersten Versuche.[20]

1841-1843 Leipzig und Dresden

1841

Fontane arbeitet ab den ersten April in der Apotheke „Zum weißen Hirsch" in Leipzig und lebt dort in einem kümmerlichen Zimmer im Hause seiner Kollegen.[21] Die Apotheke wurde als Lesehalle und Klublokal verwendet.[22]
Zu dieser Zeit beginnt er, sich in revolutionären Kreisen zu bewegen, denn er gehört durchaus zu denen, die „die neu anbrechende Zeit [bejahen] ..". [23]

Theodor Fontane kommt im September in Verbindung mit einem Kreis junger Literaten, die sich den Vormärz-Literat Georg Herwegh zum Vorbild nehmen. Er nennt diesem Klub in seiner Autobiographie „Herwegh-Klub" (vgl. Jolle, 1983, S.34):
„Es kam die Herweghzeit. Ich machte den Schwindel gründlich mit, und das Historische schlug ins Politische um"(Fontane an Theodor Storm, 14. Februar 1854).[24]

1842

Während der Jahre 1841 und 1842 veröffentlicht Theodor Fontane mehrere Gedichte in der Leipziger Zeitung „die Eisenbahn".[25] Bei dieser Zeitung handelt es sich um eine höherstehende der Zeit, die einen scharfen Ton vertritt. Der Gegensatz vom Figaro und der Eisenbahn ist erstaunlich, denn „der ganze Unterschied zwischen Preußen und Sachsen spiegelt sich in den beiden Blättern wieder".[26]

1843-1852 Berlin und Letschin

1843

Der 23. Juli 1843 wird zu einem wichtigen Datum für den jungen Theodor Fontane, denn er wird bei einem Berlin- Besuch von seinem Freund Berhard von Lepel in den literarischen Verein „Der Tunnel über der Spree" eingeführt.[27]

1844

tritt er als Einjährig- Freiwilliger im Gardegrenadierregiment von „Kaiser Franz" in Berlin ein.[28]

---

[20] Jolle, 1983, S.28.
[21] Grawe, 1998, S.27.
[22] Jolle, 1983, S.29.
[23] Ebd.
[24] Grawe, 1998, S.27.
[25] MZP, 2001, S. 29.
[26] Jolle, 1983, S. 36.
[27] Bahners u.a., 1996, S. 8.

Mit seinem Freund Herrmann Scherz unternimmt er noch während seiner Militärdienstzeit seine erste Reise nach England.[29]

Im Frühjahr desselben Jahr kommt es zu einer Wiederbegegnung zwischen Emilie Rouanet und Theodor Fontane. Fontane schreibt in seiner Autobiographie folgendes: *„Die Kleine, mittlerweile neunzehn Jahre alt geworden, war total verändert... das Südfranzösische hatte sich beinah ganz verflüchtigt, und die tiefliegenden dunklen Augen .. sahen jetzt in dem hierlands üblichen Halbgrau hell und lachend in die Welt hinein. Alles im allen, beweglich und ausgelassen, vergnügungsbedürftig und zugleich arbeitsam"* *(Von zwanzig bis drei-ßig).[30]*

1847
Zur Vorbereitung auf die Apothekerprüfung kommt Theodor Fontane erneut nach Berlin und wohnt bei Emilies Adoptivvater. Am 2. März besteht er sein Staatsexamen in Pharmazie und wird zum Apotheker erster Klasse ernannt.[31] Nun ist er dazu berechtigt, selbständig eine Apotheke zu führen, aber seine Pläne, eine solche zu erwerben, scheitern an finanziellen Mitteln.[32]
So kehrt Fontane nach seiner Prüfung nach Letschin zurück.
Im Oktober des Jahres tritt er als Erster Apotheker in die Apotheke „Zum schwarzen Adler" ein und arbeitet dort bis zum Sommer 1848.
Um sich finanzieren zu können, lenkt Theodor Fontane „sein schriftstellerisches Talent in neue Bahnen ..: Er wird Journalist".[33] Seine Artikel lassen vermuten, dass er zu der politisch linken Seite tendiert.

1848
ist das Jahr der misslungenen Märzrevolution, die „nach zwei Soldaten aus Versehen ausgelösten Schüssen auf dem Schlossplatz zu erbitterten Barrikadenkämpfen führt".
Am 18. März nimmt Theodor Fontane an den Barrikadenkämpfen in Berlin teil und beschönigt sie in seiner Autobiographie „Von zwanzig bis dreißig". Ein später Brief an Friedlaender bestärkt diese Annahme: *„Heute vor 47 Jahren feierte ich den Sieg der „Revolution" mit einem Karabiner in der Hand, den ich, am Tage vorher, aus dem Königstädtischen Theater geräubert hatte, um damit für die Freiheit zu kämpfen; ich stellte ihn aber bei Seit' als ich ihn hatte, weil ich seiner Schußkraft fast noch mehr mißtraute als meiner Heldenschaft. Wer sich in Preußen auf Revolution einlassen will, muss sehr optimistisch leichtsinnig oder s e h r tapfer sein (19.März 1895)".[34]*
Am 10. November 1848 wird „mit dem Einrücken der preußischen Truppen in Berlin .. und der Auflösung der preußischen Nationalversammlung .. die Revolution in Berlin zu Fontanes Erschütterung geschlagen".[35]

---

[28] Grawe, 1998, S. 32.
[29] http://www.xlibris.de/Autoren/Fontane/Fontane-Biographie/Fontane-Biographie-03.htm., 3.5.2004
[30] Grawe, 1998, S. 34.
[31] Ebd., S. 40.
[32] MZP, 2001, S. 23.
[33] http://www.xlibris.de/Autoren/Fontane/Fontane-Biographie/Fontane-Biographie-03.htm., 3.5.2004
[34] Grawe, 1998, S. 44.
[35] Ebd., S. 45.

1849

Theodor Fontane gibt den Apothekerberuf auf und wird freier Schriftsteller.[36]
Im März verfasst Fontane zum 30. Hochzeitstag seiner Eltern das Dramulett „Der Westfälische Friede".

1950

Es erscheinen Theodor Fontanes erste Bücher „Männer und Helden", „Acht Preußenlieder" sowie der Romanzenzyklus „Von der schönen Rosamunde" [37].
Nach mehrmaligen Versuchen kann Fontane im Juli 1950 ein Gedichtband im Berliner Verlag C. Reimarus veröffentlichen.[38]

Theodor Fontane lernt Paul Heyse im „Tunnel" kennen. Geistig trennen sich die Wege Fontanes und Heyses. So Fontanes Urteil über Heyse: *„Er ist zwar nicht im Einzelnen [...] der Beste, aber im Ganzen ist er der am reichsten Beanlagte unter allen Lebenden. In Deutschland. Nichtsdestoweniger hab ich den Eindruck: was er leisten konnte, hat er geleistet. Er kann über das, was schon da ist, nicht hinaus (an Wilhelm Hertz, 18. August 1879"* [39].
Im Gegensatz zu Fontane erhält Heyse Ruhm zu Lebenszeiten. So erhält er den Nobelpreis für Literatur im Jahre 1910.

Am 30. Juli erhält Theodor Fontane ein Angebot für eine Stelle im preußischen Innenministerium als Lektor im „literarischen Kabinett" *„vom 1. August cr. Ab bis auf weiteres mit monatlich vierzig Taler Diäten".* Damit wendet sich Fontane von der radikalen Vormärzzeit ab und wendet sich dem konservativen Preußen der Restaurationszeit zu.[40]
Auf Grund dieser Anstellung ist er finanziell so weit gesichert, dass er Emilie Rouanet am 16. Oktober zur Frau nehmen kann. Fontane beschreibt seine Hochzeit folgendermaßen: *„Ich habe viele hübsche Hochzeiten mitgemacht, aber keine hübschere als meine eigene" (von zwanzig bis dreißig).*[41]

1851

Für Theodor Fontane beginnt ein finanziell schwieriges Jahr: Im Brief an Wolfsohn: *„Daß meine finanzielle Lage eine harte und freudlose ist, wirst Du begreifen; mit mir ging es wohl- aber die Tränen meiner Frau!".* [42]
Das „litera*rische Kabinett"* wird aufgelöst, und damit hat Theodor Fontane keine finanziellen Mittel mehr. Er bittet den preußischen König um Unterstützung. Dieser lehnt auf Grund einer Aktennotiz („...die politische Gesinnung des p. Fontane ist nicht ganz lauter.") ab.

Von Ostern bis Oktober betreiben Theodor und Emilie eine Schülerpension, geben diese aber bald wieder auf, da ihnen die Kinder viel Ärger einbringen.[43]

---

[36]Fontane, S. 253.
[37] Bahners u.a., 1996, S. 8.
[38] Grawe, 1998, S. 52.
[39] Ebd., S. 50.
[40] Grawe, 1998, S. 53.
[41] Ebd.
[42] Ebd., S. 55.
[43] Ebd., S. 56.

Am 14. August 1851 wird Fontanes erster (legitimer) Sohn George Emile geboren.

1.11.1851: Fontane wird Mitarbeiter der neu gegründeten Centralstelle für Pressangelegen-heiten, wo er -bis auf eine kurze Unterbrechung Ende 1853- bis zum Dezember 1858 ange-stellt ist.

23. April – 25. September 1852: London

In London ist er als Korrespondent für die ministerielle "Adlerzeitung" tätig. Bei dieser preußischen Zeitung besteht seine Tätigkeit darin, die englische Presse auszuwerten.[44] Finanzielle Unterstützung erhält er dabei unter anderem vom „Tunnel" und Freunden, seiner Familie und kurzzeitig vom Ministerium.[45]

Trotz der finanziellen Unterstützung ist Fontanes Finanzsituation schlecht. Er lässt dies in einen Brief an seine Frau Emilie verlauten:
„Von hier aus ist Niemand im Stande, Die Etwas zu senden. [...] Ich lebe durch Pump von Witte und sehne sehr den 1ten herbei; dann muss ich Franke und den Tischler bezahlen, muss Torf kaufen, so dass ich genötigt bin, die 15rt. (Reichstaler) von mir zu der 5 Pfund-note zugelegten, abzuziehen, um doch eine kleine Summe zu den nötigen Ausgaben bei mei-ner Entbindung zur Verfügung zu haben. [...] Die Geldangelegenheiten sind doch wirklich zu miserabel bei uns".[46]

Um sich „über Wasser halten" zu können, agiert Fontane in London als Sprachlehrer.

Am 2. September wird Sohn Rudolph geboren.

1852-1855 Berlin

1852
Am 25. September kehrt Fontane nach Berlin zurück, wo er bis Mai 1854 Sekretär des „Tunnels" ist.[47] Im Oktober übernimmt er wieder seine Arbeit an der Centralstelle.
Im Januar des folgenden Jahres hat er für einige Zeit die Revision der „Preußischen Zei-tung", ein Abend- und Nachtdienst. Diese Arbeitszeit gefällt ihm sehr gut, da er am Tage seiner dichterischen Tätigweit nachgehen kann, auch wenn sie seiner Gesundheit schadet.[48]

1853
Am 14. Oktober 1853 erhält Theodor Fontane eine Kündigung von der Centralstelle. Im Dezember ist er jedoch schon wieder als Vertretung bei dieser tätig und wird am 1. Januar

---

[44] http://xlibris.de/Autoren/Klassiker/klassische_Autoren.htm., 17.6.2004
[45] Grawe, 1998, S.59f.
[46] Grawe, 1998, S. 63.
[47] Ebd.
[48] Jolle, 1983, S. 96.

1854 erneut eingestellt, auch wenn seine Leistungen und Fähigkeiten kritisch aufgenommen werden.[49]

Fontanes dritter Sohn Pierre Paul wird am 14. Oktober, also dem Tag seiner Kündigung, geboren, stirbt jedoch im April des kommenden Jahres.

Mitte Oktober 1853 gibt er zusammen mit Franz Kugler das erste Jahrbuch des „Tunnels" namens „Argo. Belletristisches Jahrbuch 1854" heraus.
Von ihm selbst erscheinen zwei Beiträge: „Tuch und Locke" und „Goldene Hochzeit".[50]

1854
Im August des Jahres veröffentlicht Theodor Fontane ein Buch über seine Englandreise „Ein Sommer in England".

1855- 1859 England

1855
Am 9. September fährt Theodor Fontane nach England, „um alle Möglichkeiten zur Gründung einer deutsch-englischen Korrespondenz zu erforschen".[51]
Er soll dort als Pressebeauftragter preußenfreundliche Artikel in englische Zeitungen geschickt einbinden.

1857
Theodor Fontane gelingt es im Sommer, ein Häuschen in einem Londoner Vorort zu mieten. So können seine Frau Emilie und seine beiden Söhne zu ihm ziehen.

1858
Im August tritt Fontane mit Lepel eine Schottlandreise an: „*Es waren schöne Tage (16) und wenn ich , so Gott mich leben lässt, längst ein alter Krepel sein werde, der die Vossische liest und bei Odeums Kaffe trinkt, wird' ich alten Staatshämorrhöidarien mit einem letzten Rest von Feuer –während sie ihre Sechser-Zigarre rauchen- von Edinbourgh erzählen und von Stirling und Perth und von Inverneß und dem Schlosse Macbeths drin König Duncan ermordet wurde [...]*".[52]

1859
Theodor Fontane kehrt nach Berlin zurück. Sein erster Wanderungen- Aufsatz „In den Spreewald" erscheint (Bahners, u.a., 1996, S. 9).[53]

---

[49] Ebd.
[50] Grawe, 1998, S. 70.
[51] Jolle, 1983, S. 104.
[52] Grawe, 1998, S. 90.
[53] Bahners u.a., 1996, S. 9.

3. Schlussbetrachtung

Theodor Fontanes Leben ist von dem Tage seiner Geburt an von Wanderungen und finanziellen Problemen geprägt. Ein harmonisches Familienleben mit seiner Frau Emilie und seinen Kindern wird ihm somit nicht ermöglicht.

Er ist in das historische Zeitgeschehen eingebunden: Aus Familientradition erlernt er den Apothekerberuf, jedoch behindert dieser seine Ausübung als Dichter.

Der ihm aus heutiger Sicht zustehende Ruhm als Schriftsteller des 19. Jahrhunderts blieb ihm Zeit seines Lebens versagt.

4. Literaturverzeichnis

Bahners, K.; Eversberg, G.; Poppe, K. (Hrsg.): Theodor Fontane. Effi Briest. Hollfeld: Bange Verlag, 1996

Grawe, C.: Fontane-Chronik. Stuttgart: Reclam, 1998

http://xlibris.de/Autoren/Klassiker/klassische_Autoren.htm, 17.6.2004

http://www.xlibris.de/Autoren/Fontane/Fontane-Biographie/Fontane-Biographie-01.htm, 3.5.2004

Jolle, C.: Fontane und die Politik. Ein Beitrag zur Wesensbestimmung Theodor Fontanes. Berlin u.a.: Aufbau- Verlag, 1983

MZP (Medienpädagogisches Zentrum Land Brandenburg: Theodor Fontane. Ein deutscher Dichter im 19 Jh. Potsdam: Brandenburgische Universitätsdruckerei, 2001 (http:// www.fontanearchiv.de)

Anhang 1:
Quelle: Garmin - European City Select, modifiziert (Juni 2004)

Abbildung 1: Anhang 1, Stationen in Fontanes Leben

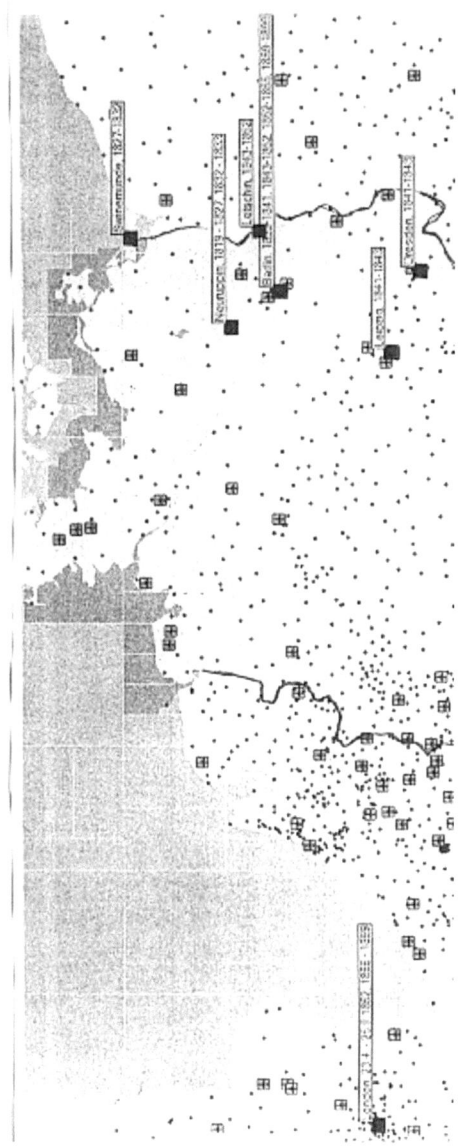

Quelle: Garmin - European City Select, modifiziert